CHAMBRE DE COMMERCE

D'AMIENS.

SÉANCE DU 30 JUIN 1880.

RAPPORT

SUR LA

NOUVELLE LOI DES PATENTES

PAR M. VULFRAN MOLLET.

AMIENS,

IMPRIMERIE ET LITHOGRAPHIE T. JEUNET,

RUE DES CAPUCINS, 45,

1880.

CHAMBRE DE COMMERCE

D'AMIENS.

SÉANCE DU 30 JUIN 1880.

RAPPORT

SUR LA

NOUVELLE LOI DES PATENTES

PAR M. VULFRAN MOLLET.

—⁂—

AMIENS,

IMPRIMERIE ET LITHOGRAPHIE T. JEUNET,

RUE DES CAPUCINS, 45,

—

1880.

Ⓒ

EXTRAIT DU PROCÈS-VERBAL DE LA SÉANCE DU 30 JUIN 1880.

RAPPORT

SUR LA NOUVELLE LOI DES PATENTES.

L'ordre du jour appelle la délibération de la Chambre sur la nouvelle loi des patentes.

M. Vulfran Mollet, Président, donne lecture du Rapport qu'il a rédigé sur cette question, au nom de la Commission nommée par la Chambre :

MESSIEURS,

Vers la fin du mois de mai, votre attention fut appelée par l'un de nos collègues, M. Roger, sur les anomalies, l'arbitraire et les injustices, qui étaient signalés dans la plupart des articles de la loi des patentes, votée au pas de course, et presque sans entrer dans les détails, par la Chambre des Députés, dans ses séances des 10 et 11 mai.

En effet, M. Magnin, Ministre des Finances, proposa à MM. les Députés, dans la séance du 10 mai, *de vouloir bien déclarer l'urgence* en faveur du projet de loi sur les patentes, en faisant observer que cette loi, après avoir été votée par la Chambre, devait encore passer au Sénat.

De son côté, M. Gambetta, Président de la Chambre des Députés, proposa, dans la séance du 11 mai, *de mettre aux voix en bloc* les grands tableaux de la loi des patentes, en ajoutant que ces tableaux figureraient *in extenso* au *Journal officiel*, où-chacun pourrait en prendre connaissance.

Nous avions reçu, d'ailleurs, de très-nombreuses plaintes des Industriels et des Commerçants de la circonscription de la Chambre ; et j'ai en mains une pétition qui m'a été adressée par les Manufacturiers les plus considérables d'Amiens et du département, et dont voici quelques passages.

Après s'être plaints amèrement des votes inattendus de la Chambre des Députés sur les patentes, dans les séances des 10 et 11 mai 1880, ces Manufacturiers estiment que l'augmentation qui frappe leur industrie, l'une des principales d'Amiens et du département, s'élève à près de cent pour cent sur certaines parties de leurs métiers, et que cette augmentation sera plus que doublée encore par l'application des centimes additionnels.

Ils rappellent les déclarations faites peu auparavant par M. le Ministre de l'Agriculture et du Commerce, et qui contenaient les promesses des allégements qui allaient être apportés chaque jour aux charges considérables qui pèsent sur l'Industrie et le Commerce.

Ces grands Manufacturiers terminent enfin par cette phrase textuelle :

« Le Sénat ne s'est pas encore prononcé sur cette loi, et nous venons vous prier, M. le Président, d'appuyer notre réclamation auprès de cette Assemblée pour obtenir une révision de cet impôt qui n'a pu être voté à la Chambre des Députés que par surprise.

« Confiants dans votre sollicitude éclairée par nos intérêts, Monsieur le Président, nous avons l'honneur de, etc. »

Votre devoir, Messieurs, était donc tout tracé, et vous avez chargé immédiatement M. Roger de vous faire un rapport sommaire sur cette grave question.

A la séance suivante, M. Roger vous a donné lecture de son

rapport, et vous fûtes véritablement effrayés des conséquences si onéreuses dont allaient être frappés, sans en avoir été suffisamment prévenus, la plupart des industriels.

Aussi et conformément aux conclusions de ce rapport, vous décidâtes d'inviter immédiatement tous les patentés de la circonscription à étudier la loi nouvelle et à se rendre au Secrétariat de la Chambre, où tous les renseignements nécessaires leur seraient donnés par vous.

En conséquence je me hâtai d'insérer dans tous les journaux d'Amiens et de la circonscription de la Chambre une note officielle contenant un extrait de ce rapport.

Je terminais cet avis en faisant observer que cette nouvelle loi n'ayant été votée que par la Chambre des Députés et devant être soumise prochainement à l'approbation du Sénat, il était encore possible aux Commerçants et Industriels, si gravement compromis, d'adresser leurs réclamations aux Sénateurs, et à la Chambre de Commerce d'Amiens qui se chargerait de les transmettre au Gouvernement et au Sénat, en les appuyant de ses délibérations motivées.

A notre appel, un grand nombre d'Industriels se sont rendus au Secrétariat de la Chambre, et nous avons reçu d'eux des renseignements tellement graves au point de vue de leurs intérêts, que la Chambre de Commerce a bien le droit de se féliciter aujourd'hui d'avoir appelé l'attention de tous les Industriels et Commerçants sur les dangers dont ils étaient, à leur insu, présentement menacés.

Vous avez pris alors la résolution d'adresser au Sénat un travail condensant et réunissant les diverses protestations que vous avez reçues des intéressés, et vous avez renvoyé à une Commission composée du Président de la Chambre, de M. Roger et de M. Adéodat Lefèvre, le soin de vous soumettre un rapport à adresser au Gouvernement et au Sénat.

Je viens donc vous donner lecture du rapport que mes deux collègues m'ont chargé de rédiger, et pour lequel nous venons réclamer votre pleine et entière approbation.

Et tout d'abord, Messieurs, pourquoi ce remaniement de la loi sur les patentes ? Quelle est son origine ? Comment et pourquoi le projet de loi qui vient d'être discuté et adopté si facilement par la Chambre des Députés a-t-il été présenté ?

C'est que les plaintes étaient générales !

Depuis 1871 les patentes avaient été augmentées sans mesure, et on avait constamment frappé sur les Commerçants et les Industriels, comme si leurs caisses étaient inépuisables !

Toutes les Chambres de Commerce, y compris la Chambre de Commerce d'Amiens, toutes les Chambres Consultatives réclamaient depuis longtemps et avec tant d'énergie des diminutions d'impôts, que le Gouvernement fut bien obligé de s'exécuter.

D'ailleurs, quand l'indemnité de guerre fut payée, quand les 1,500 millions de la Banque de France furent remboursés, les recettes du budget s'accrurent d'année en année pour arriver à des excédants annuels d'environ 150 millions.

Aussi, grand fut notre étonnement, quand le 18 Décembre 1877, M. Léon Say, Ministre des Finances, présenta à la Chambre des Députés, un projet de loi sur les patentes, qui était bien le projet le plus fiscal qu'on eût peut-être jamais vu, et qui, donnant d'une main, reprenait immédiatement de l'autre, de façon à produire, en fin de compte, une énorme augmentation de recettes, alors que nous nous attendions à des dégrèvements considérables.

Ce projet de loi souleva un tolle général dans toute la France, et les plaintes, les récriminations furent si accentuées, que le projet de loi de 1877 fut remis à l'étude, remanié par le Gouvernement, dans presque toutes ses parties, pour donner naissance à une nouvelle loi des patentes, qui vient d'être votée à la hâte et presque sans discussion par la Chambre des Députés.

Cette loi a eu pour but d'établir de nouvelles règles pour la perception des patentes, et de diminuer les droits réclamés aux petits patentables.

Le génie fiscal de l'administration s'est donné libre cours ; et il a bouleversé la classification des patentes.

Il a augmenté le droit fixe des gros patentables de plus de moitié ; de 12 à 30 par 1,000, avec cette aggravation que le droit est payé sur le capital social, quelle que soit la somme versée sur chaque action. Il a ensuite élevé le droit proportionnel sur la valeur locative de leurs établissements industriels du 15me au 10me ; il a augmenté et quelquefois même doublé, le droit sur les métiers ; il a augmenté le droit sur presque tous les ouvriers de trente-trois à soixante-six pour cent. En sus du droit sur chaque ouvrier, il a ajouté dans certaines industries, un nouveau droit sur les machines employées par eux ; enfin, il a créé une taxe nouvelle par chaque tête d'employé au-dessus de 5 par maison.

Que si maintenant il a diminué le droit proportionnel des industriels du 40me au 50me et du 50me au 60me, il les a en même temps, et par la même loi, frappés simultanément de l'augmentation du droit sur leurs ouvriers, d'un nouveau droit sur leurs machines et de la capitation sur leurs employés.

Quelques exemples, placés à la suite de nos observations générales, vous feront mieux comprendre toute l'économie des articles combinés de ce regrettable projet de loi.

D'abord, la loi votée par la Chambre, et soumise en ce moment à l'examen du Sénat, accorde à tous les Industriels et Commerçants compris dans les 8 classes du tableau A, une réduction notable sur le droit proportionnel.

La 1re classe ne paiera plus que le 20me au lieu du 10me.

Les 2e et 3e classes ne paieront plus que le 20me au lieu du 15me.

Les 4e, 5e et 6e classes ne paieront plus que le 30me au lieu du 20me.

Enfin les 7e et 8e classes ne paieront plus que le 50me au lieu du 40me.

Toutefois cette diminution importante sera perdue pour beaucoup de patentés, par l'augmentation des autres impôts anciens, ou par les impôts nouvellement *créés*, dont ils sont frappés par la nouvelle loi ; ainsi d'ailleurs que vous allez le voir avec détails à l'appui dans le cours de ce rapport.

A propos des droits proportionnels, nous nous sommes demandé pourquoi, puisqu'on remaniait presque complètement les bases des contributions, et quelques procédés d'administration, on n'avait pas immédiatement modifié radicalement le mode d'application du droit proportionnel, en donnant une autre origine, une pensée moins fiscale et plus protectrice à l'estimation des valeurs locatives.

En effet ce n'est pas tout que de décréter que telle industrie ne sera plus imposée qu'au 20me au lieu du 15me ou du 10me; au 30me au lieu du 20me; au 50me au lieu du 40me; il faut encore que la base de cet impôt soit régulière, qu'elle soit en dehors de toute discussion ultérieure, et que l'estimation des valeurs locatives, soit équitable et ne puisse être contestée.

Aujourd'hui toutes les contestations, entre l'administration des contributions et les patentés, sont soumises à une vérification faite par deux experts, dont l'un est nommé par le directeur des contributions du département, et l'autre par le patenté.

En cas de désaccord, et cela est malheureusement toujours ce qui arrive, les deux experts ne nomment pas *un tiers expert*, pour les départager, comme cela a lieu pour toutes les autres expertises ordinaires, mais chacun d'eux fait un rapport spécial, et se retire.

Le contrôleur des contributions, première cause du débat, et par conséquent partie intéressée, *juge et partie*, fait un nouveau rapport, dans lequel il approuve tout ce qui a été fait et dit par l'expert *désigné* et le plus souvent *inspiré* par lui-même.

Ce rapport est envoyé à l'inspecteur divisionnaire, qui donne toujours raison au contrôleur.

Enfin le directeur du département vise ces rapports, les développe et les approuve.

Et c'est dans cet état que l'affaire vient devant le Conseil de Préfecture.

Le patenté est prévenu; il a 10 jours pour présenter de nouvelles observations s'il le juge convenable, et le Conseil de Préfecture frappé, et impressionné de l'unanimité, de l'uniformité des conclusions, des rapports présentés, l'un après l'autre, par le directeur départemental des contributions, par l'inspecteur divisionnaire, par le contrôleur des contributions, et par le premier expert nommé par l'administration, sur la désignation du contrôleur, le Conseil de Préfecture donne donc presque constamment raison au fisc, et par conséquent au contrôleur des contributions, cause première du débat.

Et si l'affaire vient devant le Conseil d'État, le directeur général des contributions présente un nouveau mémoire qui n'est que la paraphrase de celui de son directeur du département, tandis que le patenté abandonné à lui-même, et à sa propre inspiration, lutte seul contre tous, et se voit le plus souvent condamné par le Conseil d'État, comme il l'a déjà été par le Conseil de Préfecture.

Et puisque la Chambre des Députés n'a pas saisi l'occasion qui lui était offerte dans ce remaniement général des patentes, de mettre fin à ce déplorable état de choses, nous vous proposons de soumettre la question au Sénat, avec l'espoir que ce grand corps ne commettra pas la même faute que la Chambre des Députés.

Votre Commission vous propose donc de demander au Sénat de vouloir bien ajouter à la loi nouvelle, et après l'article 13 et le tableau D, un article *13 bis*, ainsi conçu :

En cas de contestation entre les contributions directes et les contribuables, sur l'importance de la valeur locative, il sera nommé trois experts :

L'un par le Préfet du département, le second par le Contribuable, et le troisième par le Président du Tribunal civil de l'arrondissement ; pour être procédé par eux à la vérification des estimations, dans les formes prescrites par les lois et les règlements en vigueur.

Votre Commission m'a chargé de réclamer que les rôles des contributions soient désormais écrits plus lisiblement, qu'ils soient plus clairs et plus intelligibles, et enfin que le délai *de 3 mois*, que la loi accorde à tous les patentés, leur soit donné en entier, et que les contribuables ne reçoivent plus, ainsi que nous l'avons vu assez souvent, des rôles antidatés de 3 à 4 semaines, ce qui réduisait d'autant le délai à eux imparti pour leurs réclamations !

Quant aux Commerçants et Industriels compris dans le

tableau B, la loi nouvelle a adopté un système qui leur est fort onéreux.

En effet, les banquiers d'Amiens paieront *cinq cents francs* de droit fixe, plus 25 francs pour chacun de leurs employés, en sus du nombre de cinq, le tout plus que doublé par les centimes additionnels, *toujours fort élevés à Amiens.*

Mais pour pallier un peu ce que présente de trop rigoureux l'exigence du Législateur, les associés seront exempts de leur quote-part de ce nouvel impôt de 25 francs par employé.

Les commissionnaires en marchandises, ou négociants paieront un droit fixe de trois cents francs, plus 15 francs pour chaque employé au-dessus de cinq.

Votre Commission croit devoir vous faire remarquer que l'intitulé du tableau B pour la colonne relative à cette nouvelle capitation, dit textuellement :

Taxe par personne employée en sus du nombre de cinq, aux écritures, aux caisses, à la surveillance, aux achats et aux ventes *intérieures* et *extérieures.*

Il y aura là matière pour les employés des contributions, à des investigations minutieuses et indiscrètes à des intrusions blessantes pour les patentés. D'ailleurs ce nouvel impôt par tête, est en opposition formelle avec nos habitudes, avec nos mœurs, et donnera lieu à de continuelles récriminations, et à des réclamations sans nombre.

Et puis ! Messieurs, qu'entend-on par des personnes employées aux ventes *extérieures?* Sont-ce là les commis voyageurs envoyés au dehors par les Commerçants ? Alors, le patenté devra justifier par ses livres, par sa correspondance, qu'il a tant de voyageurs, il lui faudra prouver que parmi ceux-ci, les uns voyagent pour lui seul, que les autres voyagent pour plusieurs Commerçants, en même temps, et qu'ils n'appartiennent en conséquence à aucune maison spécialement.

Ici donc, il y a lieu de redouter des vexations continuelles, des contestations nombreuses, et votre Commission vous propose de demander au Sénat le rejet de ces malencontreuses capitations.

Les marchands de plusieurs espèces de marchandises ou négociants, et les magasins de vêtements payaient anciennement un droit de 20 francs par personne employée à la vente au-dessus de cinq; mais alors les caissiers et tous les employés qui ne vendaient pas, étaient exemptés.

La loi nouvelle impose à ces Commerçants un droit fixe de 80 francs, plus un droit de 20 fr. par tête pour chaque personne employée au-dessus du nombre de dix, aux caisses, à la surveillance, aux achats, aux ventes intérieures et extérieures c'est-à-dire *sur tout le personnel.*

C'est là une augmentation importante, car il ne faut pas oublier, comme je le disais tout à l'heure, qu'aux chiffres ci-dessus énoncés, il faut toujours ajouter les centimes additionnels qui dépassent habituellement 100 pour 100 à Amiens.

Dans la 2ᵉ partie du tableau C qui intéresse plus spécialement Amiens et le département de la Somme, il y a une véritable amélioration apportée sur l'établissement des droits proportionnels.

Désormais la maison d'habitation paiera seule le 20ᵐᵉ au lieu du 10ᵐᵉ; la maison de vente au lieu du 20ᵐᵉ sera imposée au 40ᵐᵉ, et l'établissement industriel paiera le 40ᵐᵉ au lieu du 25ᵐᵉ.

Mais ici encore votre Commission fera les mêmes observations, et posera les mêmes réserves que celles qu'elle a formulées à l'occasion des patentes des huit classes du tableau A.

Les fabricants de savon (1), ont obtenu une légère diminution par l'abaissement du droit proportionnel au 40ᵐᵉ au lieu du 25ᵐᵉ; mais on les a frappés immédiatement d'un droit de 70 centimes par hectolitre de la capacité brute de leurs chaudières; la réduction annoncée s'est trouvée presque annulée chez les uns, et elle a fait place à une augmentation chez d'autres fabricants.

---

(1) M. Ponthieu fils.

Votre Commission a une observation très-sérieuse à présenter ici à l'occasion de l'augmentation du droit porté à 70 centimes par hectolitre, sur les cuves ou chaudières. En effet, il y a nécessité pour le fabricant de ménager un grand espace vide dans chaque chaudière à cause de la mousse produite par l'ébullition.

Nous demandons donc que les contrôleurs des contributions, lors de leur jaugeage, tiennent compte du vide obligatoire, et ne calculent plus les chaudières pour leur capacité entière. C'est ici une question de justice et de loyauté.

Les tanneurs de cuirs forts ou mous ont vu supprimer leur droit fixe, et abaisser du 40me au 50me leur droit proportionnel, mais loin de profiter de cette réduction demandée, promise et accordée, ils étaient d'abord frappés par le projet de loi, d'une augmentation considérable sur chaque mètre cube de fosses ou de cuves, qui étaient imposés à 50 centimes au lieu de 30 centimes ; heureusement un amendement présenté, au dernier moment, par douze Députés, a été adopté, et la Chambre a diminué cette augmentation de moitié.

En résumé, les tanneurs au lieu d'être abaissés, et de profiter comme d'autres industriels de la suppression du droit fixe et de l'abaissement du droit proportionnel, paieront un peu plus, que sous l'ancienne loi, par suite de l'augmentation d'un tiers sur l'impôt des mètres cubes de fosses et de cuves (1).

Les fabricants de produits chimiques ont vu leur droit fixe abaissé de 18 francs à 5 francs; mais ils n'ont obtenu aucun abaissement sur leurs droits proportionnels, et ils ont subi une augmentation sur l'impôt par tête d'ouvrier, qui a été porté de 3 fr. 60 à 5 francs (2).

Les constructeurs de machines ont vu leur droit fixe descendre de 30 francs à 5 francs, et leur droit proportionnel abaissé du 50me au 60me. Mais cette économie a été immédiate-

---

(1) M. Demailly.
(2) M. Kulhmann.

ment perdue pour eux par l'augmentation de l'impôt sur leurs ouvriers qui a été porté de 3 fr. 60 à 5 francs (1).

Ainsi, au lieu d'une réduction, les constructeurs de machines, comme les fabricants de produits chimiques, paieront une augmentation, qui s'élèvera d'autant plus, que le nombre de leurs ouvriers sera plus grand.

Même observation pour *les fabricants par métiers de laine*, qui bien que payant le 60ᵐᵉ au lieu du 50ᵐᵉ, se trouvent cependant augmentés en fin de compte, par suite de l'augmentation de 33 % sur l'impôt de leurs métiers (2).

Il n'y a guère *que les fabricants de coton par métiers mécaniques*, pour lesquels les réductions promises, soient restées une vérité, et qui aient pu bénéficier de l'abaissement du droit principal calculé au 60ᵐᵉ au lieu du 50ᵐᵉ. Cela tient à ce que leurs métiers de tissage au lieu d'être augmentés : de 3 fr. 50 à 5 fr., comme les produits chimiques et les constructeurs de machines ; de 3 à 4 fr. comme les métiers à laine ; de 3 fr. 60 à 8 fr. par broche, comme les filateurs de lin, non-compris, bien entendu, les bancs à broches, ont vu au contraire abaisser de 3 fr. à 2 fr. 50 l'impôt de chaque métier à tisser. Aussi la réduction totale est-elle pour chaque fabricant assez importante. Et la maison chez laquelle nous avons relevé nos chiffres, aura-t-elle un abaissement de 2,297 fr. 50 à 1,918 fr. 55 (3) ?

Votre Commission ne se plaint pas de l'avantage qui est fait à l'industrie du coton, mais elle se demande pourquoi on frappe arbitrairement la laine et le lin, au moment même où on exonère le coton ?

Les filateurs de bourre de soie ne profiteront pas non plus de la suppression du droit fixe et de l'abaissement du droit principal du 50ᵐᵉ au 60ᵐᵉ, parce qu'on a augmenté, par le même article de la loi, l'impôt sur leurs broches de filature, qui a été porté de 01,80 à 06 centimes par broche. Aussi la maison chez

---

(1) M. Blondel.
(2) MM. Collet-Dubois et Ci.
(3) MM. Cocquel et Cie.

laquelle nous avons fait nos calculs paiera-t-elle 617 fr. au lieu de 459 fr. 45 (1) ?

Les retordeurs de fils sont traités bien cruellement, et cependant ce sont des petits industriels qui méritent qu'on les soutienne et qu'on les encourage.

Ils ont obtenu la réduction du 50ᵐᵉ au 60ᵐᵉ pour leur droit proportionnel, ce qui leur a donné une économie minime, parce que leur valeur locative est de fort peu d'importance ; mais en même temps on a quadruplé l'impôt sur leurs métiers à retordre.

Au lieu de 3 francs par moulin à retordre on les a imposés à 4 centimes par broche, et comme chaque moulin contient environ 300 broches, le droit a été élevé de 3 fr. à 12 fr.; ce qui est hors de toute proportion avec leurs ressources.

Aussi le retordeur que nous avons visité, et qui a obtenu sur le droit proportionnel une réduction de 10 francs, se voit augmenté pour ses neuf moulins de 168 fr. 10 (2).

Votre Commission croit qu'il y a quelque chose à faire en faveur de ces petits patentés, et elle vous prie de vouloir bien appeler sur eux toute la bienveillante attention du Sénat.

Les filateurs de lin (3) perdent tout le bénéfice de la suppression du droit fixe et de l'abaissement du droit proportionnel du 50ᵐᵉ au 60ᵐᵉ, par l'augmentation inexplicable, arbitraire, et hors de toute proportion avec la vérité, du droit sur les broches porté de 3 fr. 60 à 8 fr. !

Il est bon de rappeler ici que le projet de loi sur les patentes du 18 décembre 1877, de M. Léon Say, avait été plus dur encore, puisque le droit sur les broches était porté de 3 fr. 60 à 16 fr. ! C'était insensé ! C'était monstrueux ! Aujourd'hui encore le droit de 8 fr. est trop cher, et il doit être ramené à 4 francs !

Cette industrie est malheureuse, elle souffre par suite des erreurs graves de classification passées inaperçues dans les

---

(1) M. Collet fils.
(2) M. Cazier.
(3) Comme la Société Anonyme filature de lin.

traités de commerce de 1860, et ce n'est pas le moment nous paraît-il, de la frapper plus durement encore que toutes les autres industries.

Le tissage des toiles a été favorisé parce que en outre de l'abaissement des droits proportionnels du 40me au 50me et du 50me au 60me, on a abaissé le droit par métier à tisser de 3 fr. à 2 fr. 50, comme pour les métiers de coton.

La blanchisserie des fils et des toiles a été légèrement réduite. Elle ne paie plus de droit fixe, et elle a vu l'impôt sur ses ouvriers abaissé de 3 fr. 60 à 3 fr.

Les fonderies de fer de 2e fusion ont été très-maltraitées. Anciennement il y avait deux classes; la loi distinguait la fabrication des objets de grande dimension et la fabrication des objets de petite dimension. Aujourd'hui, et d'après la nouvelle loi, il n'y aura plus qu'une seule classe. Pourquoi ? Nul n'a su nous le dire!

Voici les différences que nous avons pu constater chez les deux établissements de fonderie, que nous étudions ici.

Dans l'établissement qui se livre à la fabrication des objets de grande dimension, nous avons constaté que le droit fixe de 240 fr. était supprimé, et qu'il était remplacé par un impôt sur chaque ouvrier, à raison de 4 fr. par tête, ce qui pour 103 ouvriers donnait 412 fr., et que le bénéfice résultant de l'abaissement du droit proportionnnel du 40me au 50me qui produisait 50 fr., était largement dépassé par le droit nouveau sur les ouvriers.

En résumé cet établissement qui payait naguère avec centimes additionnels **1,055** fr. **75**, paierait désormais **1,305** fr. **05** (1).

Dans l'établissement qui se livre à la fabrication des objets de petite dimension, le droit fixe de 120 fr. est supprimé, et le droit principal est abaissé du 40me au 50me, mais l'impôt nouveau de 4 fr. par tête, donne pour 68 ouvriers une aggravation de 272 fr.

---

(1) MM. Lecul et Dapéron.

En résumé cet établissement qui payait avec centimes additionnels **668** fr., va payer maintenant **904** fr. (1).

Les fondeurs sont obligés d'avoir un grand nombre d'ouvriers, ils ne peuvent pas se servir de machines pour remplacer un certain nombre d'entre eux, de sorte qu'il y aurait équité à diminuer de moitié le droit nouveau de 4 fr. par tête, sur chaque ouvrier.

Votre Commission espère, Messieurs, que vous voudrez bien appuyer cette demande près du Sénat.

Pour les fabricants de chaussures, c'est bien pis encore. Voici ce qui a été constaté chez deux fabricants de chaussures.

Chez l'un : le droit fixe était abaissé de 18 à 5 fr. et le droit proportionnel sur l'établissement industriel était abaissé du 40me au 50me. Les ouvriers étaient diminués encore de 3 fr. 60 par tête à 3 fr.; mais il a été mis sur les 30 machines employées par ce fabricant, un droit spécial de 12 fr. par machine. C'était-là, de ce seul chef, une augmentation de 360 fr., plus les centimes additionnels.

Aussi le résultat pour ce fabricant (2) est-il désastreux!

Au lieu de payer 1,413 fr., ce fabricant, qui croyait être diminué de beaucoup, paiera 1,900 fr.!

Chez l'autre fabricant, voici ce qui a pu être constaté : le droit fixe est abaissé de 18 fr. à 5 fr., le droit proportionnel sur l'établissement industriel est abaissé du 40me au 50me, de plus, il ne paiera plus pour chacun de ses 125 ouvriers, que 3 fr. par tête, au lieu de 3 fr. 60.

Mais par contre, il paiera un nouvel impôt de 12 francs pour chacune des 38 machines qu'il emploie.

Et c'est là, d'un seul coup, une augmentation non justifiée de 456 fr., plus les centimes additionnels qui élèveront cette augmentation au chiffre de 934 fr. 80.

Aussi le résultat pour ce fabricant (3) est-il plus désastreux

---

(1) M. Hénouille.
(2) M. Félix-Hunebelle.
(3) M. Lenormand.

encore que pour le précédent ?

En résumé, au lieu de payer 1,156 fr., il paiera désormais 1,883 fr. !

Est-ce que cela est juste ? Et pourquoi donc imposer à 12 fr. des machines *indispensables* à cette industrie ?

Voilà un projet de loi qui a eu pour but le remaniement des patentes, leur abaissement dans tout ce qu'il y avait de possible, et après avoir fait sonner bien haut les réductions qu'allaient obtenir les industriels, en voici deux qui paient tout-à-coup, et sans motif sérieux, alors que tous deux croyaient être bientôt diminués, l'un 500 fr., l'autre 700 fr. d'augmentation !

Ici encore il est juste de réclamer, et si vous partagez l'avis de votre Commission, vous demanderez au Sénat de vouloir bien modifier ces chapitres, et d'améliorer le sort de ces industriels.

Les Compagnies de gaz ont vu remanier complétement l'assiette de leurs impôts, mais le résultat est le même, et au lieu des réductions promises, c'est une grande aggravation que nous avons pu constater dans l'établissement que nous avons étudié (1).

Le droit fixe de 400 fr. est supprimé, et le droit principal sur l'établissement industriel est abaissé du 40me au 50me.

Mais, on élève au 10me le droit principal sur l'habitation et on frappe de 20 centimes par mètre cube, la capacité brute des gazomètres.

Aussi le résultat obtenu est-il celui-ci : Au lieu de payer **2,423** fr., cet établissement paiera **4,049** fr. !

Les filatures de laine ont vu le droit proportionnel sur l'établissement industriel descendre du 50me au 60me, ce qui, malgré la petite augmentation mise sur les broches de filature, leur a donné encore une situation légèrement améliorée.

Mais votre Commission a une observation à vous soumettre dans l'intérêt de cette industrie.

-----

(1) Le Gaz français.

Anciennement la loi sur les patentes comptait les broches préparatoires comme imposables, c'était une erreur, et il nous faut bien reconnaître que jamais les contrôleurs, quelque zélés qu'ils fussent, n'ont osé imposer ces broches préparatoires.

La loi nouvelle n'a pas imposé les bancs à broches, mais elle n'a rien dit des broches et des bobines préparatoires.

Or, comme dans toutes les filatures il y a ordinairement des broches et des bobines préparatoires, votre Commission a pensé qu'il serait prudent et sage, pour protéger nos filateurs dans l'avenir, de demander au Sénat, *qu'il fût fait mention de cette exemption* dans le texte de la loi.

Nous voici arrivés, Messieurs, au terme de nos premiers travaux; nous avons passé successivement en revue toutes les industries de notre région, intéressées dans la question, et nous avons poursuivi jusqu'au bout nos recherches et nos calculs dans l'intérêt de tous ceux que la Chambre de Commerce à mission de protéger et d'éclairer.

Nous ne nous sommes laissés arrêter par rien, et nous pourrions déclarer qu'aujourd'hui notre tâche est religieusement accomplie.

Cependant, ils nous reste encore à défendre nos concitoyens près du Sénat et nous ne croirons n'avoir plus rien à faire, que lorsque nous aurons obtenu du Sénat, le redressement des erreurs, et la réparation des injustices que nous vous avons signalées dans le cours de ce rapport.

Nous nous sommes demandés, Messieurs, pourquoi la Chambre des députés, lors de la discussion récente du tarif général des douanes, ne nous avait accordé qu'avec la plus grande parcimonie, les droits protecteurs que nous réclamions, quand elle ne nous les refusait pas complétement, et pourquoi elle avait pu accepter si facilement ces nouveaux droits de patente qui vont frapper cruellement la plus grande partie de nos Industriels et de nos Commerçants.

Comment espérer que ceux-ci pourront supporter la concurrence, de plus en plus acharnée, que leur font les Anglais, les Allemands et les Belges, et celle plus effrayante encore que

vont leur faire bientôt les Américains, si chaque jour le Gouvernement augmente leurs charges ?

En principe et en prenant la question de plus haut, on peut
se demander pourquoi ce lourd et désastreux impôt des
patentes ?

Pourquoi frapper ainsi le travail national, quand nos Agri-
culteurs et Industriels ont tant à craindre de leurs concurrents
étrangers ?

Est-ce qu'il ne serait pas plus sage, plus rationnel et plus
patriotique d'aider, d'encourager et de récompenser l'Agriculture, l'Industrie et le Commerce, plutôt que de les frapper
et de les décourager sans cesse ?

L'Agriculture et l'Industrie ne sont-elles donc plus les deux
mamelles de la France ?

Que nos Législateurs changent donc complétement leur
déplorable système d'économie politique en fait de tarifs de
douanes et la France, encouragée et soutenue par l'espérance,
redeviendra bientôt active et prospère ?

Aujourd'hui, où en sommes-nous ?

Les Députés viennent de nous refuser les droits compensateurs que nous avions demandés, mes chers Collègues,
parce que le Ministre de l'Agriculture et du Commerce a
récemment promis de nombreux et importants dégrèvements.

Et au lieu de dégrèvements, c'est par des impôts aggravés,
quelquefois même doublés, c'est par de nouveaux impôts
inventés récemment par *le fisc,* qu'on répond à toutes nos
espérances.

En vérité, Messieurs, tout cela est réellement décourageant,
et c'est après avoir protesté avec énergie contre toutes ces
erreurs économiques, que nous venons vous prier de demander
au Gouvernement et au Sénat :

1° D'accueillir avec bienveillance toutes les réclamations
qui viennent d'être formulées dans ce rapport ;

2° Et de ne pas les perdre de vue quand bientôt viendra au
Sénat la discussion sur les droits protecteurs, sur les droits
compensateurs à insérer dans le tarif général des Douanes,

pour que l'Agriculture, l'Industrie et le Commerce français, si cruellement frappés dans ces dernières années, puissent vivre honorablement en travaillant et sortir enfin de la situation désastreuse où les a conduits la voie fatale dans laquelle viennent d'entrer, si malheureusement pour la France entière, le Gouvernement et la Chambre des Députés.

Amiens, le 27 Juin 1880.

VULFRAN MOLLET,
Président de la Chambre.

La Chambre, après en avoir délibéré, adopte les conclusions du rapport ci-dessus à l'unanimité, et décide qu'elle l'enverra à **M.** le Ministre de l'Agriculture et du Commerce, à **M.** le Ministre des Finances, et à la Commission sénatoriale des patentes.

Elle décide en outre que ce rapport sera imprimé et adressé à toutes les Chambres de Commerce.

Pour copie conforme :

Le Président de la Chambre,
VULFRAN MOLLET.

18605. — Amiens, Imp. T J.....

www.ingramcontent.com/pod-product-compliance
Lightning Source LLC
Chambersburg PA
CBHW060539200326
41520CB00017B/5300